Caderno de atividades

NOME: _____

_____

TURMA: _____

ESCOLA: _____

_____

_____

Sumário

As plantas 3
As plantas e os ambientes 10
Os animais se relacionam 24
O corpo humano 31
Biomas brasileiros 40

Ilustrações: Alan Carlos Barbosa, Daniel de Paula Elias, Francis Yoshida de Mattos, José Ângelo Góes Mattei Júnior, José Segura Garcia Junior, Luciano Costa de Oliveira, Marcelo de Almeida, Marcos Diego dos Santos, Mateus Galhardo Grizante, Mouses Sagiorato Prado, Paulo Sérgio Fritoli.

Atividades: Material originalmente publicado por Sistema de Ensino Ético.

As plantas

1. O processo de fotossíntese ocorre pela presença da clorofila nas plantas.

- Por que as folhas das plantas que contêm clorofila são predominantemente verdes?

_____

_____

2. Observe o que aconteceu à planta depois que ela foi arrancada do vaso.

- Explique por que uma planta morre se arrancada da terra.

_____

_____

3. No meio da figura estão algumas palavras. Ligue com setas as que são **indispensáveis** para a criança e para a árvore.

Os vegetais produzem seu próprio alimento por meio de um processo chamado fotossíntese.

4. Os vegetais produzem o próprio alimento, mas outros seres vivos, como os animais, não produzem. Observe a figura e complete as frases com as palavras destacadas.

| carnívoros | herbívoros |

a) Os animais que se alimentam de plantas são _____.

b) Os animais que se alimentam de outros animais são _____.

5. Além de fornecerem alimentos, as árvores abrigam:

Com base nas imagens, procure no diagrama os nomes dos seres citados que vivem nas árvores.

B	R	O	M	É	L	I	A	R	Z	J	É	A	P	N	Í	Q	O	A
X	C	V	Í	N	M	Q	W	E	R	U	N	S	O	J	O	W	É	S
É	V	W	S	T	Y	U	Í	O	P	Í	B	A	V	E	T	B	M	D
A	S	L	I	Q	U	E	N	S	D	N	V	W	U	U	A	C	C	I
I	N	S	E	T	O	C	F	G	H	B	C	D	Y	Y	K	V	V	U
É	O	P	H	J	K	L	Ç	Z	O	R	Q	U	Í	D	E	A	M	Y
R	T	Q	O	Í	D	W	D	S	C	F	Z	Í	R	D	J	G	D	T

6. O que acontece quando uma planta é colocada em um ambiente sem luz?

_____

_____

_____

7. Complete a frase com as palavras do quadro.

> sementes   flores   frutos

- Depois que as _____ das paineiras caem, surgem os _____, que são inicialmente verdes. Depois que secam, os frutos se abrem e soltam a paina (parecida com algodão) que envolve as _____ da planta.

8. Complete as frases. Para isso, escolha uma das palavras que estão entre parênteses.

a) Um fator muito importante na formação do solo é a _____ (decomposição/erosão).

b) Folhas, galhos, frutos, sementes, animais mortos ou seus restos servem de alimentos para seres _____ (decompositores/produtores).

c) O material _____ (decomposto/triturado) mistura-se com o solo.

d) Os nutrientes formados na decomposição são alimentos para as _____ (plantas/raízes), ajudando no desenvolvimento delas.

e) Os seres decompositores são _____ (fungos e bactérias/vírus e fungos).

Os cogumelos são fungos que se alimentam de matérias decompostas de árvores.

9. Leia o texto e observe a imagem. Depois, faça o que é pedido.

O que é o ar?

Ao redor da Terra existe uma camada de ar que recebe o nome de atmosfera. Mas você sabe o que é o ar? O ar é formado por uma mistura de gases. Essa mistura não tem cor nem cheiro. Por isso, quando você inspira e expira, o ar entra e sai de seu corpo sem que você veja. E, como ele normalmente não tem cheiro, você não percebe odor algum.

São muitos os gases presentes no ar e a quantidade de cada um deles é também bastante variável. No entanto, dois deles são muito importantes para nós, para a maior parte dos animais e para as plantas: o **oxigênio** e o **gás carbônico**.

a) Complete as lacunas.

- O oxigênio é um _____ produzido pelas plantas terrestres e pelas algas que vivem nos ambientes aquáticos.

- A fotossíntese ocorre pela absorção da luz do _____. Nesse processo as plantas liberam _____.

- Muitos animais também dependem do _____ do ar para viver.

- O _____ é produzido por quase todos os seres vivos. Cada vez que você expira, coloca para fora, pelo nariz ou pela boca, uma quantidade de gás carbônico que seu corpo produziu.

b) Indique os nomes dos gases nos espaços correspondentes.

As plantas e os ambientes

10. Leia o texto.

Verde que te quero ver

Verde verde verde verde
Verde que te quero ver
Verde verde verde verde
Verde que eu quero é viver

Ver, quero ver os animais
Frutas, flores e quintais
Passarinhos, riachos, cascatas
Ver a esperança renascer
Quando o dia amanhecer
Todo mundo há de gritar
Que te quero

Verde verde verde verde
Verde que te quero ver
Verde verde verde verde
Verde que eu quero é viver

Quero verde
Fora com essa bomba H
Quero verde
Fora a usina nuclear
Quero verde
Quero ver de novo a natureza
Quero verde
Fora com a poluição
Quero verde
E à queimada eu grito não
Quero verde
Quero ver de novo a natureza

Edmundo Souto e Paulinho Tapajós. Verde que te quero verde, *A turma do verde*, Warner, 1984.

a) No poema, a quem a pessoa que fala se dirige?

_____

_____

b) O "verde" do poema representa:

☐ a natureza   ☐ o mundo

c) O que impede, segundo o texto, de se ver o verde?

_____

_____

_____

d) Copie o verso que expressa que já houve mais verde e que quem fala no poema quer esse verde novamente em nosso planeta.

_____

_____

e) O que mais a pessoa que fala quer ver?

_____

_____

11. Observe a ilustração e leia o texto.

O ambiente onde vivo

Se ecologia é o assunto,
Logo se fala em matas,
No mar, no ar e nos bichos,
Em fontes, em rios e cascatas.

Mas não se deve esquecer
De que aqui onde mora gente,
Minha casa, minha escola,
Tudo isso é ambiente!

As coisas que ocorrem no mundo
Espelham onde você mora.
Tudo o que se faz aqui
Se reflete no mundo lá fora.

Faço o pouco que posso,
Mas faço com todo empenho.
Não posso cuidar de todo o mundo,
Mas posso cuidar do que tenho.

Texto de Lelio Favaretto elaborado para este material.

■ O estudo das relações entre os seres vivos e deles com o meio em que vivem pode ser traduzido por uma única palavra da primeira estrofe do poema. Qual é essa palavra?

_____

_____

12. Coloque **V** para verdadeiro e **F** para falso.

☐ Se você cuidar do que tem, estará cuidando de uma parte do mundo.

☐ Se todos fizerem a sua parte, o mundo todo estará sendo cuidado.

13. Veja esta charge sobre o desmatamento.

a) Em que foi transformada a faixa branca da bandeira?

_____

_____

_____

b) O lema da bandeira, "Ordem e progresso", foi apagado para mostrar que:

☐ não há ordem nem progresso se destruirmos nossas matas.

☐ ordem e progresso vêm somente depois do desmatamento.

14. Leia o texto.

Por que as matas são destruídas?

As matas são destruídas rapidamente com as mais variadas finalidades. Algumas têm suas maiores árvores retiradas para servir em construções de casas, móveis etc. Outras simplesmente são queimadas para, em seu lugar, plantar-se capim para o gado. A própria extração ilegal de madeira facilita a entrada da pecuária nas regiões devastadas. Outras, ainda, são arrancadas para dar lugar à plantação de cereais cuja maior parte será exportada para outros países.

Existem florestas que são removidas e em seu lugar se planta outro tipo de árvore, formando-se as monoculturas. Mas não é para substituir as antigas, e sim, para a obtenção de matéria-prima para a fabricação de móveis e papel ou, simplesmente, para a sua transformação em lenha ou carvão.

SERÁ QUE EU, TÃO PEQUENO, POSSO FAZER ALGO PARA AJUDAR A PRESERVAR O QUE RESTA DAS NOSSAS MATAS?

É um quadro triste ver a Mata Atlântica, a Amazônia e o Cerrado serem destruídos!

Para quem tem a mesma dúvida que Vítor, a resposta para ela é: "Sim, você pode!". Dessa forma, todos poderão ajudar muito.

■ Cite as causas do desmatamento apontadas no texto.

15. Observe a charge de Pissardini.

a) Na charge, como estão as árvores do lugar?

_____

_____

b) Quem é o responsável por essa situação? Como é possível perceber isso?

_____

_____

c) O que faz o homem na charge? Explique.

_____

_____

d) É possível imaginar qual será a próxima ação do homem?

_____

_____

_____

_____

16. Observe a charge.

■ Agora, responda às questões.

a) Para fazer sua charge, Genin aproveitou uma personagem de uma história infantil. Que personagem é essa e de qual história ela faz parte?

_____

_____

b) Por que o chargista teria destacado a palavra "especial" do balão da fala com aspas?

_____

_____

_____

c) O que representa a risada da bruxa na charge?

_____

_____

_____

d) A charge, na forma como é apresentada, é um alerta para que não sejam consumidos alimentos tratados com produtos tóxicos?

☐ Sim   ☐ Não

e) Na sua opinião, por que o chargista teria escolhido uma bruxa para passar a sua mensagem?

_____
_____
_____

17. Observe outra charge de Genin.

■ Agora, responda:

a) A que os animais estão assistindo na charge?

_____
_____

b) Na charge, o que carrega a ave que está em primeiro plano? Na sua opinião, que isso quer dizer?

_____
_____
_____

17

c) Na charge, há um sinal que indica que as árvores estão personificadas, ou seja, assumiram características de pessoas. Que sinal é esse?

d) Explique as possíveis consequências de uma queimada.

18. Observe como Santiago representou, em sua ilustração, um tribunal.

■ Agora, responda às questões propostas.
  a) Quem está sendo julgado?

  b) Quem a árvore maior, ladeada por duas menores, representa?

c) Na ilustração, que instrumento pode identificar essa árvore que julga?

d) O que representam as outras árvores do lado esquerdo na ilustração?

e) Por que o homem estaria sendo julgado?

f) Coloque **V** para verdadeiro e **F** para falso.

☐ As árvores trazem uma "fisionomia séria", carregada, demonstrando a gravidade da situação.

☐ O homem sentado demonstra indiferença pela situação.

☐ Vergonha e reconhecimento de culpa são representados na ilustração pela cabeça baixa do homem sentado na cadeira.

19. Observe ao lado outra charge.

a) O que você percebe nela quanto às cores usadas?

b) O que você acha que isso significa?

_____

_____

_____

c) O que faz o homem no desenho?

_____

_____

d) O que representa essa fotografia?

_____

_____

_____

_____

_____

_____

_____

20. As ações humanas sobre a natureza geram problemas ambientais.

■ Sobre o tema, analise a charge na página anterior e responda às questões.

a) Descreva o que você vê na charge.

_____
_____
_____
_____
_____
_____

b) O homem que aparece na charge é um lenhador? Explique.

_____
_____
_____
_____
_____
_____

c) Na charge, as árvores foram derrubadas:

☐ porque elas atraíam muitos mosquitos da dengue.

☐ porque eram de uma espécie nociva ao ser humano.

☐ por razões econômicas.

d) Que elemento da charge comprova a resposta anterior?

_____
_____
_____
_____

21

21. Leia o texto. Depois faça o que se pede.

O Instituto Brasileiro do Meio Ambiente e dos Recursos Naturais (Ibama) é um órgão ligado ao Ministério do Meio Ambiente (MMA). Sua função é desenvolver atividades para preservação e conservação do patrimônio natural. Ele também alerta as pessoas contra a prática da retirada de espécies vegetais, que causam danos à natureza, e pune os infratores com multa e até detenção. Infelizmente, essas medidas não têm sido suficientes para resolver o problema.

O símbolo do Ibama traz a folha, representada em verde, o pássaro, em vermelho, e o leito do rio, em azul.

a) Vamos descobrir o elemento diferente?

Marque com um **X** o elemento que se diferencia dos demais por alguma razão.

Ⓐ
- [ ] Exploração ilegal de madeira
- [ ] Criação de gado
- [ ] Queimadas
- [ ] Reflorestamento

Ⓑ
- ☐ Preservação e conservação do patrimônio natural
- ☐ Aplicação de multas
- ☐ Desmatamento
- ☐ Fiscalização de áreas verdes

Ⓒ
- ☐ Mata Atlântica
- ☐ Cerrado
- ☐ Pecuária
- ☐ Amazônia

b) Associe cada item anterior, depois de retirado o elemento diferente, com a segunda coluna.

Item A   ○— São funções do Ibama.

Item B   ○— São causas do desmatamento.

Item C   ○— São áreas que sofrem grande devastação.

Os animais se relacionam

22. O que podemos dizer sobre a alimentação desses seres vivos?

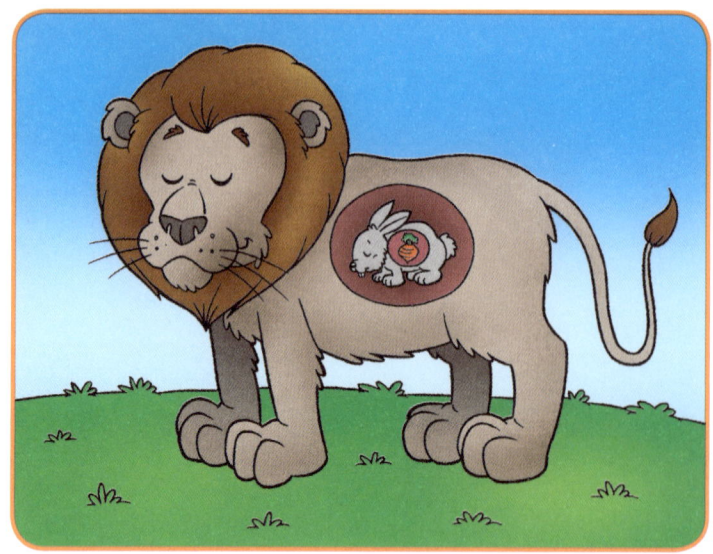

_____

_____

23. Observe o esquema a seguir e responda: Entre os seres vivos apresentados, qual deles é mais importante para a vida na Terra?

_____

_____

24. Analise esta imagem.

a) Quem serve de alimento para quem?

b) Escreva uma das cadeias alimentares presentes na imagem.

25. Ligue cada uma das espécies com o seu papel na cadeia alimentar:

Bip

J. Marconi

Bip

Bip

José Reynaldo da Fonseca

○ **PRODUTOR**

○ **CONSUMIDOR**

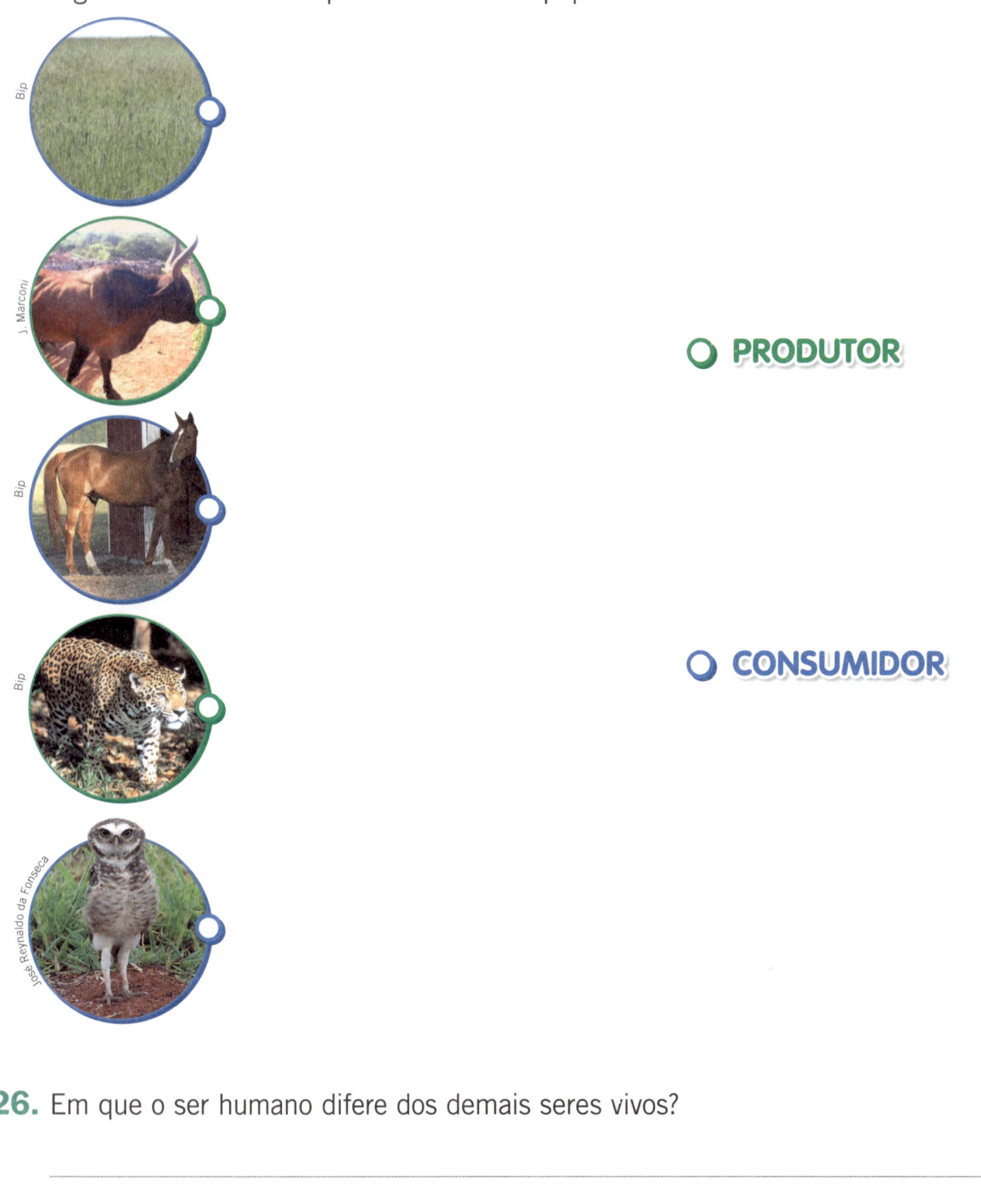

26. Em que o ser humano difere dos demais seres vivos?

27. Indique com setas as várias possibilidades de cadeias alimentares. Use uma cor diferente para cada possibilidade.

28. Leia o texto e observe a imagem.

Decompositores são os seres que se alimentam de restos de plantas e animais mortos. Compreendem as bactérias e os fungos, que atuam como verdadeiras "usinas processadoras de lixo": decompõem organismos mortos, transformando-os em minerais. Esses minerais podem ser reaproveitados pelas plantas.

A ação decompositora permite a reciclagem de matéria orgânica e impede que o planeta fique recoberto por uma camada orgânica morta – fato que poderia comprometer a existência da vida na Terra.

Nos ambientes aquáticos, são as algas microscópicas que se alimentam dos restos orgânicos representados por minúsculos animais, frequentemente microscópicos, como larvas de insetos.

Adaptado de: <www.klickeducacao.com.br/conteudo/pagina/0,6313,POR-714-3093-,00>. Acesso em: abril de 2015.

- Com base no texto que você leu, responda: Qual é o nome dos pequenos seres vivos responsáveis por transformar os restos de animais e vegetais?

___

___

29. Complete a cruzadinha de acordo com as dicas dadas.

1. Seres vivos que se alimentam de restos de animais e vegetais mortos.
2. Fornecem energia para a manutenção da vida.
3. Energia capturada pelos vegetais e armazenada em todos os alimentos.
4. Um dos possíveis motivos que levam o homem a agir contra a natureza.
5. Animais que mamam quando são pequenos.

30. Forme cadeias alimentares para cada grupo de seres vivos, numerando-os.

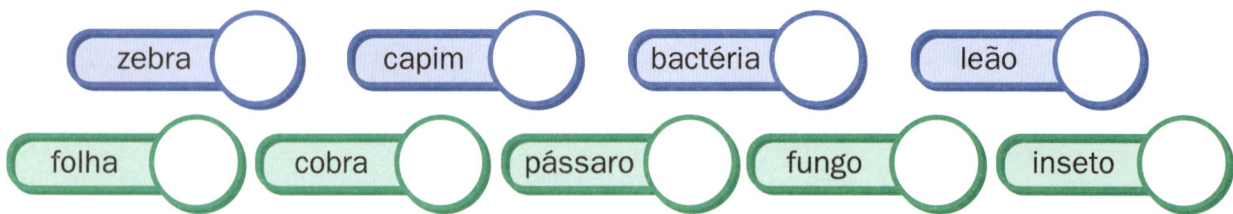

31. Nas ilustrações a seguir, identifique predadores com O e presas com ×.

32. Complete as lacunas do texto.

A biodiversidade da Terra é imensa. As espécies que vivem em um mesmo ambiente estão ligadas entre si, como se cada uma fosse um elo de uma grande corrente. Tanto os seres vivos que produzem seu próprio alimento, como as _____, quanto aqueles que dependem do alimento produzido por elas, como alguns _____, estão direta ou indiretamente ligados.

O motivo dessa ligação é a necessidade de _____, pois uns servem de alimento aos outros.

O corpo humano

33. Leia a fala da Keiko.

SUA MISSÃO SERÁ COLOCAR OS COMPONENTES DENTRO DOS QUADROS DO SISTEMA AO QUAL ELES PERTENCEM.

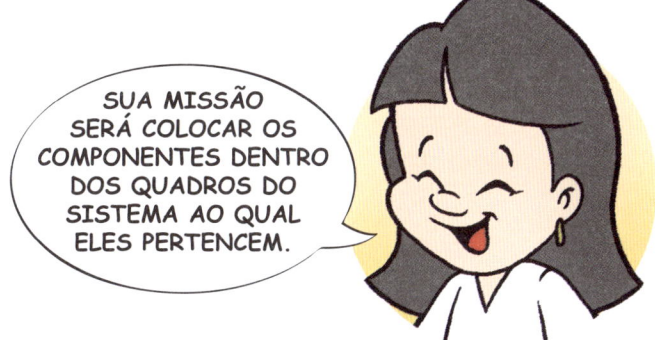

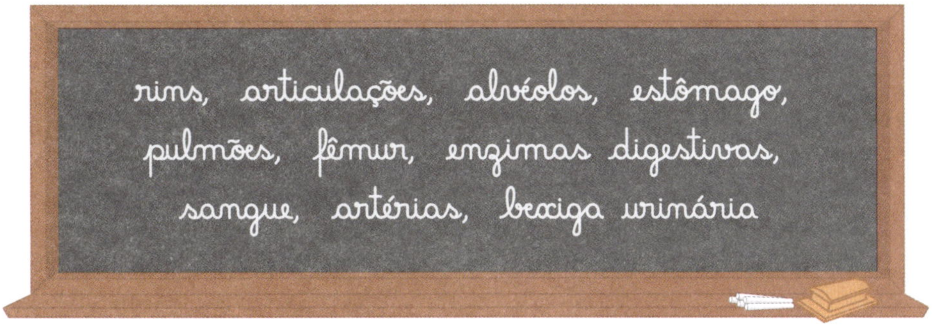
rins, articulações, alvéolos, estômago,
pulmões, fêmur, enzimas digestivas,
sangue, artérias, bexiga urinária

Sistema respiratório:

Sistema circulatório:

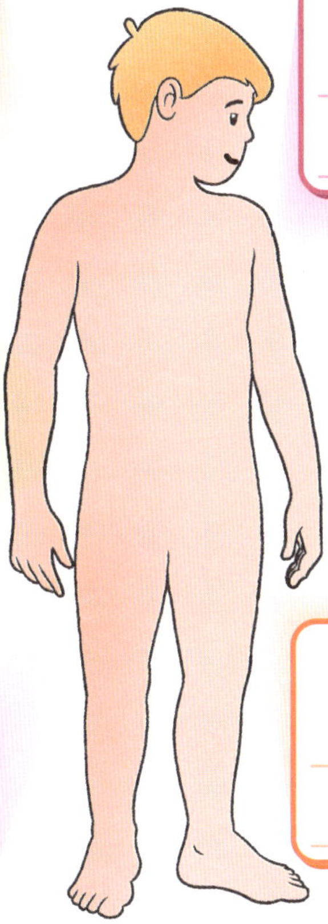

Sistema digestório:

Sistema locomotor:

Sistema excretor:

34. Para facilitar as trocas entre o sangue e os pulmões, o ar deve ser bombeado para dentro (inspiração) e para fora (expiração) dos pulmões.

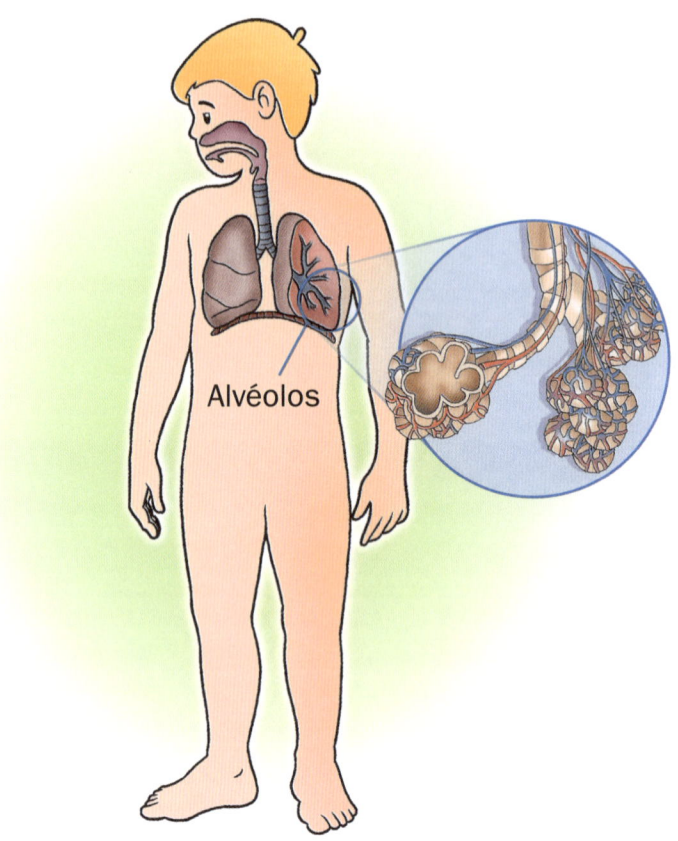

■ Complete as frases adequadamente com as palavras do quadro.

| expiração | pulmões | artérias | inspiração |
| veias | sangue | vasos sanguíneos | |

a) O sangue circula em nosso organismo pelos _____.

b) As _____ são os vasos por onde o sangue sai do coração.

c) As _____ são os vasos que trazem o sangue de volta ao coração.

d) A _____ e a _____ do ar facilitam a troca entre o _____ e os _____.

35. Sabemos que o alimento não "cai" simplesmente pelo tubo digestório. Escreva, nas linhas a seguir, a relação entre os movimentos do tubo digestório e a passagem do alimento por ele.

_____

_____

36. Assinale as alternativas corretas.

■ Nutriente é qualquer substância presente num alimento que possa ser utilizada para:

☐ obter energia.

☐ produzir substâncias necessárias para o crescimento, desenvolvimento e manutenção da saúde e da vida.

☐ regular as reações químicas que acontecem em nosso corpo.

37. Complete as frases com as palavras do quadro.

> glicose   minerais   energia

a) Os nutrientes são as proteínas, os açúcares, as gorduras, as vitaminas, além dos _____ e da água.

b) Os vegetais, por meio da fotossíntese, unem água, gás carbônico e energia luminosa para formar a _____, um carboidrato, o primeiro alimento da planta e o mais simples deles.

c) Os açúcares são consumidos em nosso organismo e deles aproveitamos a _____.

O arroz, a batata, a mandioca, as farinhas (de trigo ou milho) são exemplos de alimentos energéticos.

38. Relacione cada número do diagrama a uma frase que descreve o que acontece com o alimento que entra em nosso corpo.

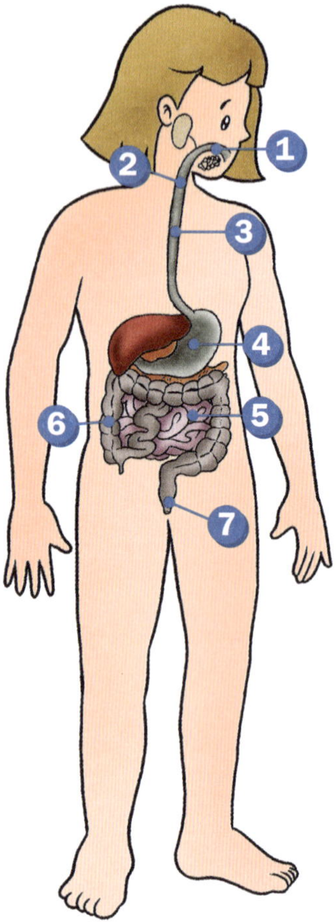

O restante do bolo alimentar é eliminado sob a forma de fezes, pelo ânus.

Na boca, o alimento é mastigado, recebendo a saliva.

O alimento triturado passa pela faringe.

O que não é aproveitado do bolo passa para o instestino grosso, onde a água e os sais minerais são absorvidos pelo sangue.

O alimento triturado passa pelo esôfago.

No estômago, o alimento já em forma de massa recebe o suco gástrico, que o amolece e o transforma em um bolo.

Pelos movimentos musculares, o bolo alimentar é levado até o intestino delgado, onde recebe líquidos com enzimas que a transformarão em nutrientes, que são transportados às outras partes do corpo pelo sangue.

39. Observe o gráfico.

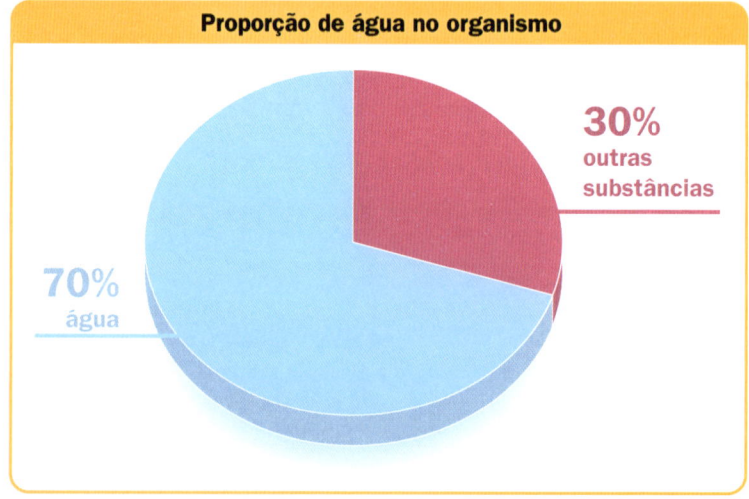

- Quanto de água tem o corpo humano?

_____

40. Encontre o nome de alguns alimentos importantes para o corpo humano.

```
E W D B N A I K L Ç T V C L O J Z
D A • J R S M F U P A Q R E F E T
I F A R I N H A • D E • M I L H O
S R N Z B Ç • R O V Q Z R T Y I K
F S M A N T E I G A X Q U E I J O
W Ç F R L E J N • R B A N X • F R
J B Q Ç • Y R H U R I C O T A N B
M A N D I O C A K O H A W S D X •
L T I P A M R • Ç Z O R O L E A C
R A • O C Q V D I X A N I N K O I
K T W X M H I E A Ó L E O S F Ç P
O A R U A C A • R O A S B E T • O
X I E P R A V T Y K Q U I B U O Z
• O A R G • B R I L • E R I W Ç A
C E P M A Z E I T E F K V N T A O
A S T • R M H G P O V B • M T Z U
O N Y L I W G O V O S I A T Ç E A
B S T J N O Z M Y A Q L Ç A I R O
F R U T A S • S E C A S F • A I M
V • S R N I X Ç C A E Q S Y T E L
M Z Q B O F E V • D N I A G U P R
```

41. Pense e responda.

Uma gaiola de ossos que abrange esôfago, pulmões e coração: uma máquina... que protege, comprime, se expande. Quem sou?

Sou a _____.

35

42. Quais os sentidos que podem ser percebidos nas seguintes situações retratadas?

43. A principal função do sistema respiratório acontece em milhões de pequenas cavidades, semelhantes a bexigas de borracha microscópicas, existentes dentro dos pulmões: os **alvéolos**. Na ilustração, escreva as legendas que faltam.

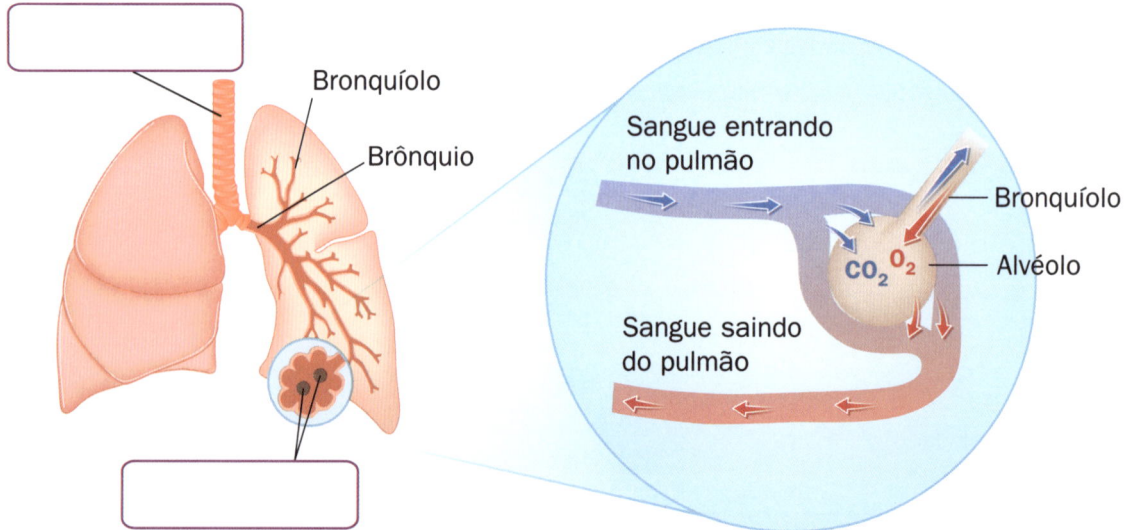

44. Leia o texto.

O corpo em harmonia

Quando examinamos o funcionamento de nosso corpo, percebemos que ele é constituído por muitas partes que se relacionam. Cada sistema e cada órgão são responsáveis por uma ou mais atividades. E essas atividades podem influenciar outros órgãos e sistemas. Além disso, o corpo faz parte de um ambiente, com o qual também se relaciona. Por essa razão, as influências são muitas, assim como as adaptações são constantes.

Nosso organismo está o tempo todo regulando suas atividades a cada alteração do ambiente. Mesmo nos momentos em que pensamos estar em completo repouso, nosso corpo continua a executar atividades que, muitas vezes, nem percebemos.

■ Se prestarmos bastante atenção, é possível perceber algumas dessas atividades. Você sabe quais são elas?

Procure ficar bem relaxado, solte os braços e comece a observar.

_____

_____

_____

45. Escreva as legendas que faltam na ilustração.

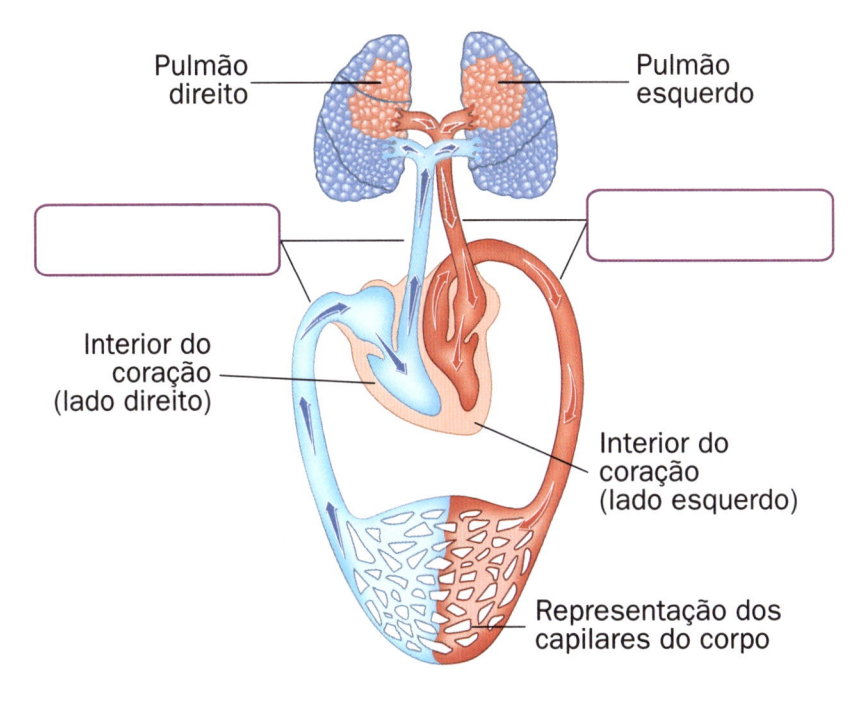

Pulmão direito

Pulmão esquerdo

Interior do coração (lado direito)

Interior do coração (lado esquerdo)

Representação dos capilares do corpo

46. Complete as cruzadinhas de acordo com as dicas a seguir.

1. Sistema nervoso formado por grande número de nervos que se estendem em direção a todas as partes do corpo.
2. Estado de bem-estar físico, mental e social.
3. Sentido que é mais aprimorado nos dedos.
4. Parte do sistema nervoso central, envolta pela coluna vertebral.
5. Uma das funções do sistema nervoso.
6. Sentido que nos permite sentir cheiros.
7. São compostos de feixes de fibras nervosas.
8. Sentido que nos permite saborear um alimento.
9. Parte importante do encéfalo.
10. Sentido que nos permite perceber as cores.
11. Capacidade do corpo de se ajustar às alterações.
12. Fibras nervosas.

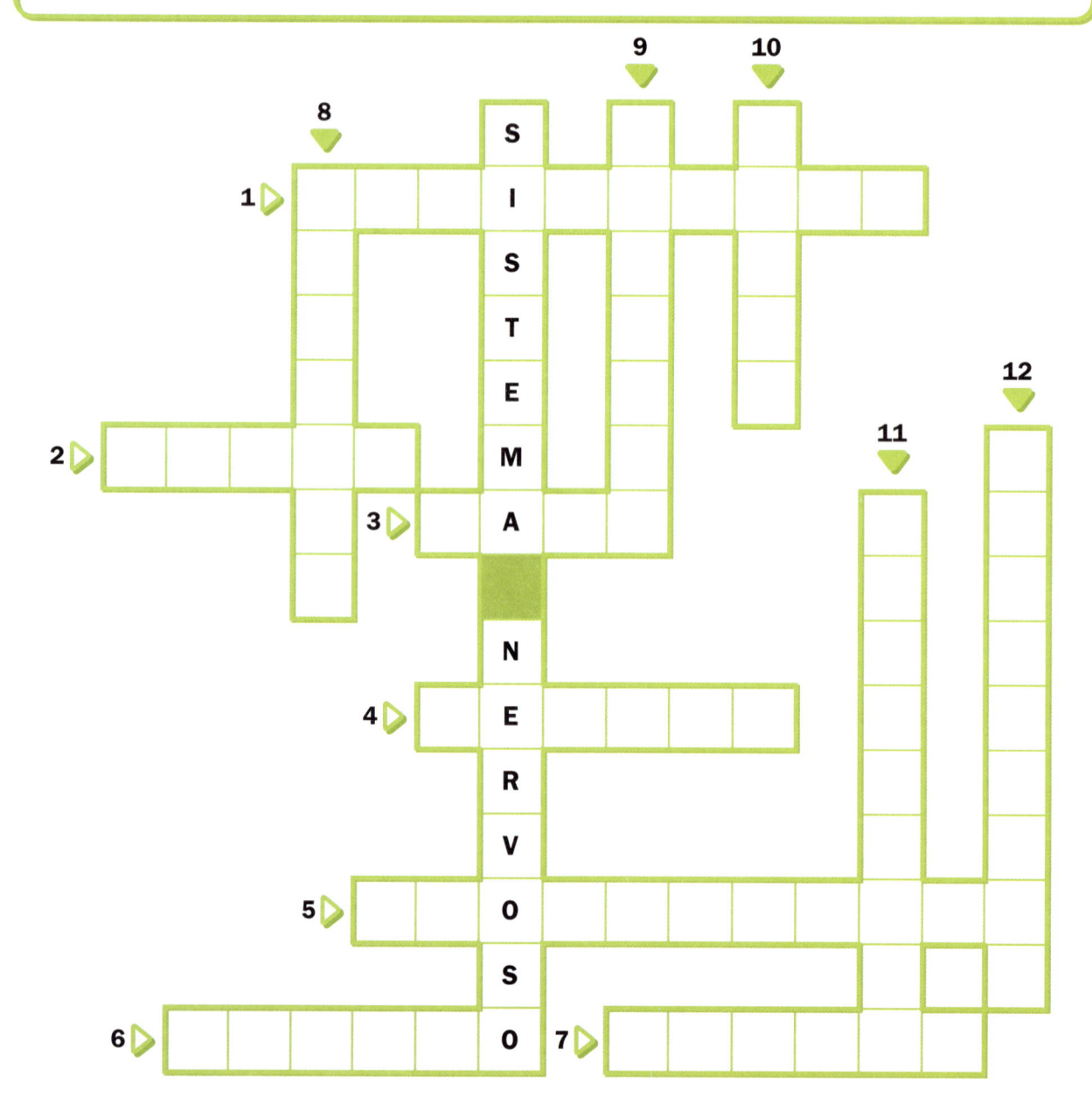

47. Leia o texto.

O Cerrado

No Cerrado vivem mais da metade dos tipos de aves, quase a metade das espécies de mamíferos brasileiros e grande diversidade de plantas. Há períodos de chuva e de seca, mas o clima é adequado aos seres que nele vivem. A fruta chamada pequi é um dos símbolos do Cerrado, e o lobo-guará é um animal que se alimenta dessa fruta.

Pequi.

Complete, de acordo com o texto:

O _____ é um dos símbolos do cerrado.

O _____ alimenta-se do pequi.

No Cerrado há períodos de _____ e de _____.

48. Complete o nome dos animais do Cerrado:

| Lobo- | |

| Onça- | |

| | campeiro |

| Tamanduá- | |

Biomas brasileiros

49. Conheça algumas características da Floresta Amazônica.

A Floresta Amazônica ocupa grande parte do território brasileiro. Está presente em nove estados: Amazonas, Pará, Acre, Roraima, Rondônia, Amapá, Mato Grosso, Tocantins e Maranhão. Apesar do desmatamento, ela ainda é a maior floresta tropical do planeta e uma grande reserva de água doce, pois possui rios, cachoeiras e lagos. Lá vive uma grande quantidade de animais, como macacos, peixes-boi, lontras e bichos-preguiça.

O melhor caminho para entrar na floresta é por meio de seus rios. Passear de barco com um morador local é a melhor forma de conhecer os lugares e as histórias das pessoas, dos bichos e das plantas.

a) Como é a floresta Amazônica?

___

___

b) Que animais vivem na floresta?

___

___

c) Como é a melhor forma de se conhecer a floresta?

___

___

50. Assinale com um **X** as frases que caracterizam a floresta Amazônica.

- [ ] Possui árvores muito altas que dificultam a penetração da luz do Sol.
- [ ] A floresta Amazônica é irrigada pelo rio Amazonas.
- [ ] Na floresta Amazônica chove pouco.
- [ ] Existem períodos de chuvas e períodos de seca na região Amazônica.
- [ ] A região Amazônica abriga enorme quantidade de animais e vegetais.
- [ ] A população que vive às margens dos rios da região Amazônica adaptou suas moradias para os períodos de seca.

51. Assinale o nome dos animais das fotografias da página anterior.

- [ ] Lontra
- [ ] Anta
- [ ] Peixe-boi
- [ ] Bicho-preguiça
- [ ] Onça-pintada
- [ ] Macaco-prego
- [ ] Arara
- [ ] Tamanduá-bandeira

52. Leia o texto.

A região Nordeste é coberta, predominantemente, pela Caatinga, onde a vegetação é rala e chove pouco.

Aqui também se observa como os seres vivos se adaptaram a esse ambiente. A Caatinga possui grande quantidade de arbustos de pequena estatura, com galhos retorcidos e raízes profundas, o que favorece a absorção de água. Esses arbustos perdem as folhas na época das maiores secas e isso diminui a perda da água por transpiração.

Os cactos são vegetais que têm a capacidade de armazenar água. Seus espinhos são folhas modificadas que protegem o vegetal contra muitos predadores que deles se alimentam. Nas fotografias, representantes da fauna e da flora nordestinas.

Os animais também são adaptados às condições de clima seco. Alguns possuem epiderme grossa, não raras vezes coberta por escamas.

■ Complete as frases.

a) A _____ é a vegetação característica do Nordeste brasileiro.

b) A Caatinga possui vegetação _____ e chove _____.

Os arbustos são de _____ estatura, com raízes _____

e galhos _____.

c) Os animais da Caatinga possuem pele _____, não raras vezes,

coberta por _____.

43

53. Quer saber mais?

O pantanal

O pantanal é a maior área úmida do planeta. É riquíssimo em quantidade e diversidade de aves. O tuiuiú é uma ave muito grande, da família das cegonhas, e é o símbolo do pantanal. A piranha é o peixe mais comum da região. O clima é quente e úmido, no verão, e frio e seco, no inverno.

■ Encontre e pinte as palavras:

PANTANAL – PIRANHA – TUIUIÚ – CEGONHA – ÚMIDO

Ú	M	I	D	O	F	A	Q	R	F
E	X	V	H	U	T	G	S	K	J
C	P	A	N	T	A	N	A	L	E
D	E	B	D	C	G	D	P	I	A
B	A	I	B	E	F	H	M	L	O
C	E	G	O	N	H	A	C	I	L
J	A	P	I	R	A	N	H	A	N
Z	R	E	C	F	U	Q	M	N	O
C	S	F	X	V	B	T	Z	P	K
E	D	G	D	T	U	I	U	I	Ú

54. Leia o texto a seguir.

A Mata Atlântica é uma das principais formações vegetais do Brasil, presente principalmente no litoral brasileiro. Ela é uma das mais importantes florestas tropicais do mundo, por apresentar uma rica biodiversidade. A Mata Atlântica esteve presente em uma área muito maior em nosso país. No entanto, pode desaparecer se as pessoas não tomarem consciência de que têm de cuidar muito bem dela.

Assinale, a seguir, quais as principais causas que ameaçam a Mata Atlântica:

☐ Desmatamento sem planejamento para dar lugar ao desenvolvimento das cidades.

☐ Exploração responsável da biodiversidade para o estudo de plantas e animais com o objetivo de preservação de espécies em extinção.

☐ Exploração de alguns tipos de árvores, como o pau-brasil, para o uso comercial.

☐ Desenvolvimento do turismo irresponsável, com a destruição da Mata Atlântica para construção de hotéis em áreas de preservação ambiental.

☐ Despejo de lixo em rios e nascentes de água presentes na Mata Atlântica.

55. Leia o texto.

Um belo exemplo de preservação da biodiversidade

A Reserva de Desenvolvimento Sustentável de Mamirauá, no Amazonas, foi fundada pelo biólogo José Márcio Ayres e é um exemplo bem-sucedido do trabalho em favor da proteção da biodiversidade.

O doutor Márcio identificou nesse local a necessidade de se criar uma área oficialmente protegida para salvar da extinção o macaco uacari-branco, espécie até então conhecida somente pelas descrições feitas em meados do século XIX.

Graças a essa proposta feita ao governo do estado do Amazonas, o biólogo foi diretamente responsável pela criação da Reserva de Desenvolvimento Sustentável Mamirauá, a primeira no Brasil, que agrega mais de três milhões de hectares de floresta tropical protegidos.

Macaco uacari-branco que o doutor José Márcio Ayres ajudou a salvar da extinção.

a) Por que motivo essa Reserva de Desenvolvimento Sustentável foi criada?

b) Explique o termo biodiversidade.

c) Que espécie foi salva da extinção no projeto do doutor Márcio?

56. Coloque **V** para as alternativas verdadeiras e **F** para as falsas.

- ☐ Quanto mais o ser humano altera o ambiente natural, mais se preservará a biodiversidade.
- ☐ O ser humano tornou-se a principal causa dos desequilíbrios ambientais, interferindo drasticamente na biodiversidade.
- ☐ O ser humano não pode intervir a favor da biodiversidade porque esse é um processo da própria natureza.
- ☐ É importante permitir que todos os seres vivos tenham chance de continuar fazendo parte da biodiversidade.
- ☐ O ser humano pode intervir a favor da biodiversidade, criando espaços como parques ou zoológicos para onde plantas ou animais ameaçados de extinção são levados, dando, assim, condições para que se multipliquem e possam ser reintroduzidos nos ambientes naturais.
- ☐ É importante escolher apenas algumas espécies para que tenham a chance de continuar fazendo parte da biodiversidade.
- ☐ As reservas biológicas permitem que hábitats e seres vivos sejam preservados com o mínimo de intervenção humana.
- ☐ Para se preservar a biodiversidade é necessário que o ser humano altere cada vez menos o ambiente natural.

As Cataratas do Iguaçu, no Paraná (PR), são consideradas Patrimônio Natural da Humanidade.

57. Coloque as palavras a seguir no diagrama. O número de letras de cada palavra pode ajudar você a encontrar o lugar de cada uma delas.

Diversidade	Vida
Terra	Ambiente
Espécie	Equilíbrio
Interdependência	Diferenças
Natureza	Proteção
Preservação	Hábitat
Conservação	Floresta

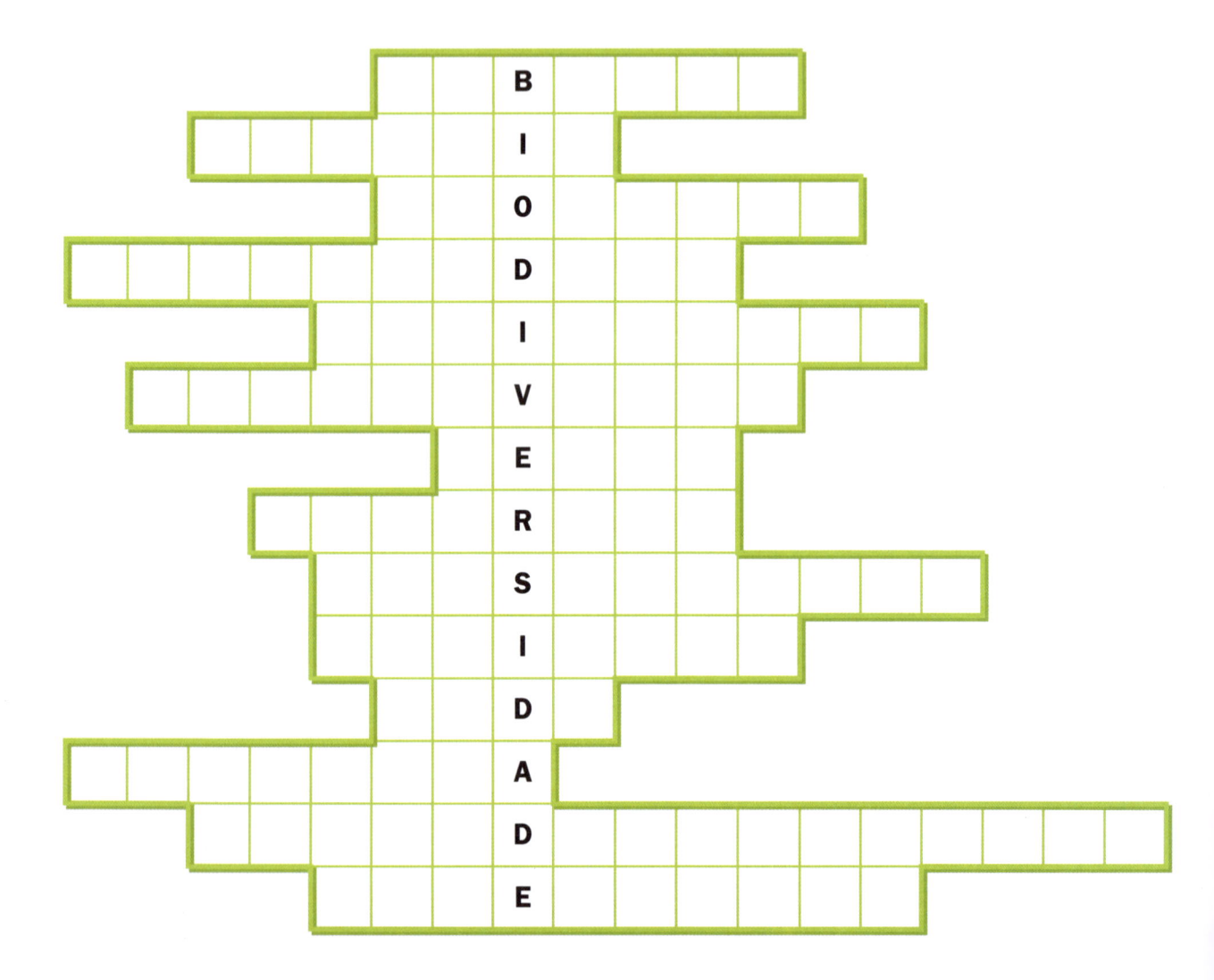

B
I
O
D
I
V
E
R
S
I
D
A
D
E